KAFFEE-KULT

Das Beste zu und mit unserem Lieblingsgetränk

Autorin: Marianne Zunner | Fotos: Wolfgang Schardt

INHALT

TIPPS UND EXTRAS

8 CAFÉ EUROPA

HEISS GELIEBTER KAFFEE

Nur Wasser trinken wir öfter als das Gebräu aus der duftenden Bohne. Die Geschichte eines magischen Getränks, das den Magen wärmt, die Seele streichelt und den Geist beflügelt.

Obwohl es über 80 Arten von Kaffeepflanzen gibt, sind nur zwei davon wirklich wichtig: Coffea Arabica und Coffea Robusta. Die schlanken, empfindlichen Arabica-Bohnen gelten als hochwertiger und feiner. Sie enthalten weniger Koffein und schmecken milder als die rundlichen Robusta-Bohnen. Diese sind widerstandsfähiger, eher erdig-kräftig im Geschmack, besitzen mehr Säure und Bitterstoffe sowie fast doppelt so viel Koffein wie ihre feinen Schwestern. Die meisten Kaffees bestehen aus einer Mischung beider Sorten, »Blend« genannt. Blends sind so beliebt, weil sie von Packung zu Packung ein gleichbleibendes Geschmacksprofil liefern.

DER NEUE AUS DEM ORIENT

Der Legende nach verdanken wir die Kaffeebohne äthiopischen Hirten. Die sahen sich die Pflanze, die ihre Ziegen erstaunlich munter machte, einmal genauer an und entdeckten die stimulierende Wirkung ihrer roten Früchte. Schon im 11. Jahrhundert verstand man, aus den gerösteten Samen im Inneren der Früchte ein heißes, anregendes Getränk zu brauen, das sich unaufhaltsam im arabischen Raum ausbreitete. Vor allem im riesigen Osmanischen Reich wurde die Nachfrage nach dem neuen Modegetränk in den folgenden Jahrhunderten immer größer. Zur Drehscheibe des Kaffeehandels wurde die jemenitische Hafenstadt Mokka, der der kleine Schwarze auch seinen Namen zu verdanken hatte. Kaufleute importierten den »Türkentrank«

Die Kaffeebohne ist eine Exotin. Als Samen der Kaffeekirsche ist sie am Kaffeebaum groß geworden. Ihre Heimat sind die Kaffeeplantagen in Äquatornähe, wo sich in einem breiten Streifen rund um den Globus, »Kaffeegürtel« genannt, die wichtigsten Anbauländer befinden. Nach der Ernte werden die Kaffeebohnen getrocknet, als Rohkaffee in Säcke verpackt und dorthin verfrachtet, wo man viel Kaffee trinkt, meist in die USA und nach Europa. Hier wird die Kaffeebohne weiterverarbeitet: geröstet, gemischt und verpackt.

schließlich nach Europa, wo er nach anfänglicher Skepsis begeistert aufgenommen wurde. In Handelsstädten wie Venedig (1647), Bremen (1673) und Wien (1685) öffneten die ersten Kaffeehäuser ihre Pforten, bald sollten viele weitere folgen. Sie wurden zum Treffpunkt des aufstrebenden Bürgertums. Bei einer Tasse Kaffee versammelte man sich zum Zeitunglesen, Diskutieren und Politisieren.

KAFFEE-KULTUR UND KAFFEE-KULT

Die Industrialisierung machte das bis dahin teure Getränk erschwinglicher: Ganz Europa trank nun Kaffee. In den südeuropäischen Ländern entwickelte sich die Kultur der Kaffeebars, wo der kleine Schwarze rund um die Uhr aus dampfenden Maschinen tröpfelt – für den schnellen Schluck zwischendurch, begleitet von Snacks für den kleinen Hunger. In Mittel- und Nordeuropa hatte man es gerne gemütlicher und traf sich zum heimischen Kaffeekränzchen oder sonntäglichen Konditoreibesuch bei einem »Kännchen Kaffee«.

Für Gemütlichkeit hatten die Bewohner der wachsenden nordamerikanischen Großstädte keine Zeit. Hier lautete die Devise: Hauptsache schnell. Coffeeshops versorgten eilige City-Bewohner mit der schnellen Tasse, bald gab es sie auch zum Mitnehmen und die passende Verpflegung gleich mit dazu. Der »Coffee to go« war geboren. Heute boomen die Coffeeshops nach amerikanischem Vorbild weltweit. Aber sie haben Konkurrenz bekommen: Kleine Kaffeebars und Cafés mit eigener Rösterei erobern die Metropolen. Hier schlürft das Großstadtpublikum liebevoll gebrauten Espresso und immer öfter handgefilterten Kaffee. Neuester Star der Kaffeeszene ist »Cold Brew Coffee« aus selbst gemachtem Kaffeekonzentrat. Dafür lässt man grob gemahlenes Kaffeepulver über Nacht in kaltem Wasser ziehen. Die Mischung wird gefiltert,

das so gewonnene Extrakt im Kühlschrank aufbewahrt und bei Bedarf mit heißem Wasser aufgegossen. Durch die schonende Extraktion der Aromen ist der »Cold Brew« besonders säurearm: das Richtige für empfindliche Mägen.

DIE KAFFEEBAR DAHEIM

Auch in den eigenen vier Wänden ist der Kaffee-Kult angekommen. Neben der guten alten Kaffeemaschine und der Espressokanne aus dem Italienurlaub steht immer öfter eine chromblitzende Hightech-Espressomaschine, deren Besitzer Barista-Kurse besucht haben und alles über Mahlgrade, Wasserhärte und Plantagenkaffee wissen. Jahr für Jahr beliebter werden aber auch die kinderleicht zu bedienenden Kapsel- oder Padmaschinen, die auf Knopfdruck die verschiedensten Kaffeespezialiäten »ausspucken«. Die Kaffeebar daheim ist eröffnet.

KAFFEE KOCHEN – EINE KUNST FÜR SICH

Bei der Zubereitung von Kaffee geht es immer um die gleiche Frage: Wie löst man das Aroma am besten aus der Kaffeebohne? Dafür gibt es verschiedene Methoden.

AUFBRÜHEN

Die traditionelle Art der Kaffeezubereitung wird im Orient praktiziert. Dabei kocht man Kaffeepulver mit Zucker und Wasser in einem lang-stieligen Metallkännchen mehrmals kurz auf. Manchmal kommen auch noch Gewürze wie Kardamom dazu. Den so entstandenen dick-flüssigen Mokka gießt man dann samt einem Teil des Kaffeesatzes in kleine Tassen oder Gläser. Wichtig für alle Arten der Kaffeezubereitung: frisches Wasser. Eine Tasse Kaffee besteht zu 98 % aus Wasser, das sollte daher immer frisch sein und möglichst einen neutralen pH-Wert von 7 – 8 besitzen. Bei hartem Wasser hilft ein Wasserfilter. Dosierung für 2 Tassen: 15 g staubfein gemahlener Kaffee und 2 – 4 TL Zucker auf 150 ml Wasser.

AUF DEM HERD

In der dreiteiligen Espresso-kanne, die in Italien Moka oder Caffettiera heißt, wird das Was-ser auf der Herdplatte im unteren Behälter der Kanne zum Kochen gebracht. Der entstehende Dampf drückt das Wasser durch den mit Kaffeepulver gefüllten Siebeinsatz in den oberen Behäl-ter. Ergebnis: ein starker espres-soähnlicher Kaffee. Nicht nur bei dieser Methode enthält der Kaffee umso mehr Aromastoffe, je frischer er gemahlen ist. Wer keine Kaffeemühle hat, kauft gemahlenen Kaffee am besten nur in kleinen Mengen und sollte ihn immer gut verschließen. Dosierung für 4 Tassen: 25 – 30 g mittelfein gemahlener Espresso auf ¼ l Wasser.

DRUCK MACHEN

Espressomaschinen – Vollautomaten oder Siebträgermaschinen – pressen das heiße Wasser schnell und mit starkem Druck durch das Kaffeepulver, dabei nimmt es die Aromastoffe mit in die Tasse. Die meisten Maschinen besitzen einen Milchschaumbereiter, viele ein integriertes Mahlwerk. Wichtig für die Kaffeelagerung: Berührung mit Luft und starke Temperaturunterschiede schaden dem Aroma. Den Kaffee also am besten in der Verpackung lassen, Luft herausdrücken und dicht verschließen.
Dosierung pro Tasse: 7 – 8 g fein gemahlener Espresso auf 25 – 35 ml Wasser.

FILTERN 1

In einer zylindrischen Glaskanne (French Press, Cafetière oder Pressstempelkanne genannt) wird das Kaffeepulver mit heißem Wasser überbrüht. Nach 3 – 5 Min. Ziehzeit drückt man die im Deckel integrierte Filterscheibe mit dem Kaffeesatz langsam nach unten.
Dosierung für 4 Tassen: 30 g grob gemahlener Kaffee auf ½ l Wasser.

FILTERN 2

Im spitz zulaufenden, mit speziellem Papier ausgelegten Filter wird das Kaffeepulver zunächst mit heißem Wasser benetzt und dann nach und nach übergossen. Der Kaffee zieht so eine Weile, bevor er langsam in eine Kanne tropft, der Kaffeesatz bleibt im Filter zurück. Bis zur Erfindung der elektrischen Kaffeemaschine wurde das von Hand erledigt. Heute erlebt das Handfiltern bei Kaffeepuristen eine Renaissance. Für das perfekte Aroma sollte das Wasser nicht zu heiß sein: Ideal sind ca. 90°. Für den Handaufguss daher das aufgekochte Wasser wieder ca. 1 Min. abkühlen lassen.
Dosierung für 4 Tassen: 30 g mittelfein gemahlener Kaffee auf ½ l Wasser.

CAFÉ EUROPA

Ob in Paris, Rom, Wien oder Berlin, in den Bars und Cafés einer Stadt kann man bei einer Tasse Kaffee Neuigkeiten austauschen, Freundschaften pflegen und Kontakte knüpfen. Immer mit dabei: eine Kleinigkeit, die den Augenblick versüßt und das feine Kaffeearoma bestens begleitet – mal ein flaumiges Brioche, mal ein cremiges Törtchen, mal eine knusprige Nussecke. Europa kann so köstlich sein!

NUSSECKEN

Für alle Naschkatzen ein Erlebnis der extranussigen Art. Wie gut, dass diese kernigen Knusperstückchen ganz leicht zu machen sind.

Für den Teig:
250 g Mehl
50 g Speisestärke
Salz
1 gestr. TL Backpulver
200 g Zucker
175 g weiche Butter
1 Ei
Für den Belag:
200 g Haselnusskerne
200 g Butter
180 g Zucker
2 Pck. Vanillezucker
je 100 g gemahlene Hasel-
und Walnusskerne
Außerdem:
100 g Himbeer-Fruchtaufstrich
(fein passiert)
200 g Zartbitterkuvertüre
Mehl zum Arbeiten

Grüße aus der Kindheit

Für ca. 40 Stück |
1 Std. Zubereitung |
40 Min. Backen |
1 Std. Kühlen
Pro Stück ca. 235 kcal,
3 g EW, 16 g F, 21 g KH

1 Den Backofen auf 180° vorheizen. Für den Teig das Mehl mit Stärke, 1 Prise Salz, Backpulver und Zucker mischen. Die Butter und das verquirlte Ei dazugeben. Zuerst mit den Knethaken des Handrührgeräts, dann mit den Händen zügig zu einem glatten Teig kneten. Zu einer Kugel formen und etwas flacher drücken, dann in Frischhaltefolie wickeln und ca. 1 Std. kühl stellen.

2 Für den Belag die ganzen Nüsse auf einem Blech im Ofen (Mitte) ca. 10 Min. rösten, bis sie duften und sich die Häutchen lösen, dabei ab und zu am Blech rütteln. Herausnehmen und abkühlen lassen. Anschließend die Häutchen zwischen den Händen abreiben. Die Nüsse in einem Gefrierbeutel mit dem Nudelholz zerdrücken. Die Butter zerlassen, Zucker, Vanillezucker und 5 EL Wasser dazugeben und alles unter Rühren aufkochen. Vom Herd nehmen, alle Nüsse unterrühren und beiseitestellen.

3 Den Teig auf einen Bogen Backpapier geben, mit etwas Mehl bestäuben und in Blechgröße ausrollen. Samt Papier auf das Backblech ziehen und die Ränder gerade schneiden. Mit dem Himbeeraufstrich dünn bestreichen, die Nussmasse darauf verteilen und gleichmäßig verstreichen. Im Ofen (unten) 25 – 30 Min. backen. Herausnehmen und kurz abkühlen lassen.

4 Bei Bedarf die Ränder gerade schneiden, dann die Teigplatte in 20 ca. 8 cm große Quadrate schneiden, diese jeweils diagonal halbieren. Die Nussecken lauwarm abkühlen lassen, samt Backpapier auf ein Kuchengitter ziehen und vollständig abkühlen lassen. Die Kuvertüre grob hacken und über dem heißen Wasserbad schmelzen. Die Nussecken mit allen Rändern in die Schokolade tauchen, die Schokolade abstreifen und fest werden lassen.

RÜBLI-WALNUSS-SCHNITTEN

250 g Möhren | 150 g Walnusskerne | 150 g ge-mahlene Mandeln | je 40 g Speisestärke und Mehl | 1 gestr. TL Backpulver | ¼ TL Salz | ¼ TL Zimtpulver | 5 Eier | 180 g Zucker | abgerie-bene Schale von ½ Bio-Orange | 8 EL Orangen-saft | 200 g Puderzucker | Bio-Orangenzesten (nach Belieben) | Fett für die Form

Wunderbar saftig

Für 1 rechteckige Backform (ca. 23 × 30 cm, 12 Stücke) | 40 Min. Zubereitung | 50 Min. Backen
Pro Stück ca. 355 kcal, 8 g EW, 18 g F, 41 g KH

1 Backofen auf 180° vorheizen. Den Boden der Form mit Backpapier auslegen, den Rand einfet-ten. Die Möhren schälen und fein raspeln. Die Wal-nüsse im Blitzhacker fein mahlen. Mit Mandeln, Stärke, Mehl, Backpulver, Salz und Zimt mischen.

2 Die Eier trennen und die Eiweiße sehr steif schlagen. Die Eigelbe mit Zucker und Orangen-schale ca. 3 Min. dickcremig aufschlagen. Zuerst die Möhren, dann die Nussmischung und 4 EL Saft unterschlagen. ⅓ des Eischnees mit dem Schnee-besen unterrühren, den Rest unterheben.

3 Den Teig in die Form füllen, glatt streichen und im Ofen (unten) 40 – 50 Min. backen. Aus dem Ofen nehmen und vollständig abkühlen lassen, dann aus der Form lösen.

4 Für den Guss den Puderzucker mit dem übrigen Orangensaft glatt rühren und den Kuchen damit überziehen. Nach Belieben den Kuchen noch mit Orangenzesten bestreuen. Fest werden lassen und zum Servieren in Stücke schneiden.

PASTÉIS DE NATA

½ l Milch | 30 g Speisestärke | 2 Eigelb | ½ TL Vanillemark | 1 Msp. Zimtpulver | 80 g Zucker | 1 Rolle frischer Blätterteig (ca. 275 g, aus dem Kühlregal) | Mehl zum Arbeiten | Puderzucker zum Bestäuben

Grüße aus Portugal

Für 1 12er-Muffinblech | 25 Min. Zubereitung | 20 Min. Backen
Pro Stück ca. 155 kcal, 3 g EW, 7 g F, 20 g KH

1 Den Backofen auf 250° vorheizen. In einer Schüssel 100 ml Milch mit der Stärke, den Eigelben, Vanillemark und Zimt glatt rühren. Die restliche Milch mit dem Zucker aufkochen. Die Stärke-Milch-Mischung unter Rühren hinzufügen und alles ca. 1 Min. köcheln lassen. Den Pudding vom Herd nehmen, die Oberfläche mit Frischhaltefolie belegen und den Pudding beiseitestellen.

2 Den Blätterteig ausbreiten und vom Backpapier nehmen. Die Teigplatte von der schmalen Seite her fest aufrollen und mit einem Sägemesser in 12 ca. 2 cm breite Scheiben schneiden.

3 Die Teigscheiben auf der leicht bemehlten Arbeitsfläche mit dem Handballen flach drücken, dann jeweils zu einem Kreis (ca. 11 cm ∅) ausrollen. Je 1 Teigkreis in die Mulden des Muffinblechs setzen, die Puddingcreme darin verteilen.

4 Die Törtchen im Ofen (unten) ca. 20 Min. backen. Aus dem Ofen nehmen und kurz abkühlen lassen. Dann den Rand der Törtchen mit einem Messer lösen, die Törtchen aus den Mulden nehmen und vollständig abkühlen lassen. Zum Servieren mit Puderzucker bestäuben.

POWIDL-KOLATSCHEN

Die Wiener sind zu beneiden: jede Menge Kaffeehäuser und so unwiderstehliches Gebäck wie diese Hefeteilchen mit Quark und Pflaumenmus.

Für den Teig:
250 g Mehl (Type 550)
40 g Zucker
15 g Hefe
100 ml lauwarme Milch
1 Ei
40 g weiche Butter
¼ TL Salz
abgeriebene Schale von
½ Bio-Zitrone
Für den Belag:
20 g sehr weiche Butter
150 g Magerquark
1 Pck. Vanillezucker
2 EL Zucker
1 Eigelb
1 EL Zitronensaft
abgeriebene Schale von
½ Bio-Zitrone
ca. 100 g Pflaumenmus
ca. 100 g backfertige
Mohnfüllung
Außerdem:
1 Eigelb
1 TL Milch
30 g Mandelblättchen
Mehl zum Arbeiten
Puderzucker zum Bestäuben

Wiener Klassiker

Für 8 Stück |
40 Min. Zubereitung |
1 Std. 15 Min. Gehen |
25 Min. Backen
Pro Stück ca. 355 kcal,
11 g EW, 15 g F, 42 g KH

1 Für den Teig das Mehl in eine Schüssel sieben und eine Mulde hineindrücken. Zucker in die Mulde geben und die Hefe daraufbröckeln. Die Hälfte der Milch unter Rühren zur Zucker-Hefe-Mischung geben. Zugedeckt an einem warmen Ort ca. 15 Min. gehen lassen.

2 Das Ei in der restlichen lauwarmen Milch leicht verschlagen und mit der Butter zum Teigansatz geben. Salz und Zitronenschale hinzufügen und alles mit den Knethaken des Handrührgeräts ca. 5 Min. kneten, bis der Teig schön glänzt und sich von der Schüssel löst. Den Hefeteig zugedeckt ca. 1 Std. gehen lassen, bis er sein Volumen verdoppelt hat.

3 Inzwischen für den Belag die Butter mit Quark, Vanillezucker, Zucker, Eigelb, Zitronensaft und -schale verrühren. Pflaumenmus und Mohnfüllung jeweils in einer kleinen Schüssel glatt rühren. Backofen auf 180° vorheizen. Ein Blech mit Backpapier auslegen.

4 Den Teig auf der leicht bemehlten Arbeitsfläche zu einer dicken Rolle formen und in 8 Portionen teilen. Jede Teigportion mit dem Handballen zu einem Fladen mit dickem Rand (10 – 12 cm ∅) flach drücken und auf das Blech legen. Das Eigelb mit der Milch verquirlen und den Rand der Hefeteilchen damit bestreichen.

5 Je ca. 1 EL Quarkcreme in die Mitte geben und mit dem Löffelrücken leicht verstreichen. Jeweils 1 geh. TL Pflaumenmus mittig daraufsetzen. Je 1 TL Mohnfüllung in 3 kleinen Portionen rings um das Pflaumenmus »klecksen« und in die Quarkcreme drücken.

6 Den Rand der Teilchen mit Mandelblättchen bestreuen. Die Kolatschen im Ofen (Mitte) in 20 – 25 Min. goldbraun backen. Herausnehmen, samt Backpapier auf ein Kuchengitter ziehen und abkühlen lassen. Zum Servieren mit Puderzucker bestäuben.

BRIOCHE

Man kann das flaumige Hefebrot natürlich auch in kleinen Förmchen backen. Ich finde die »große« Lösung allerdings praktischer – und genauso gut.

Für den Teig:
250 g Mehl (Type 550)
2 EL Zucker
15 g Hefe
80 ml lauwarme Milch
¼ TL Salz
abgeriebene Schale von
½ Bio-Zitrone
2 Eier
150 g weiche Butter
(in Stücken)
Außerdem:
1 Eigelb
1 EL Milch
Fett und Semmelbrösel
für die Form
Mehl zum Arbeiten

Bon appétit!

Für 1 Kastenform
(ca. 30 cm Länge,
ca. 10 Stücke) |
15 Min. Zubereitung |
1 Std. 45 Min. Gehen |
1 Std. Backen
Pro Stück ca. 250 kcal,
5 g EW, 15 g F, 23 g KH

1 Für den Teig das Mehl in eine Schüssel sieben und eine Mulde hineindrücken. Zucker in die Mulde geben und die Hefe daraufbröckeln. Die Milch unter Rühren zur Zucker-Hefe-Mischung geben und den Teigansatz zugedeckt an einem warmen Ort ca. 15 Min. gehen lassen.

2 Salz, Zitronenschale und Eier zum Teigansatz geben und alles mit den Knethaken des Handrührgeräts zu einem glatten Teig kneten. Die Butter stückchenweise ca. 5 Min. unterkneten, bis der Teig seidig glänzt. Den Teig zugedeckt an einem warmen Ort ca. 1 Std. gehen lassen, bis er sein Volumen verdoppelt hat.

3 Die Form einfetten und mit Semmelbröseln ausstreuen. Den recht weichen Teig mit einer Teigkarte aus der Schüssel lösen, auf der bemehlten Arbeitsfläche kurz durchkneten und zu einem dicken Strang formen. Den Teigstrang in die Form legen und zugedeckt noch ca. 30 Min. gehen lassen.

4 Den Backofen auf 160° vorheizen. Das Eigelb mit der Milch verquirlen und die Teigoberfläche damit bestreichen. Die Brioche im Ofen (unten) 50 – 60 Min. backen. Herausnehmen, stürzen und abkühlen lassen. Die Brioche in dicke Scheiben schneiden und nach Belieben mit Konfitüre servieren.

TIPP

Wenn ich Gäste zum Frühstück habe, knete ich den Hefeteig schon am Vorabend und lasse ihn über Nacht im Kühlschrank gehen. So brauche ich die Brioche am nächsten Tag nur noch zu formen und zu backen. Durch das lange Gehen wird der Teig sogar noch feinporiger.

REVANI

250 g feiner Maisgrieß (Polenta) | 100 g Mehl |
1 Pck. Backpulver | 125 ml Pflanzenöl |
300 g Naturjoghurt | 4 Eier | 280 g Zucker | ab-
geriebene Schale und Saft von 1 Bio-Orange
und 2 Bio-Zitronen | 50 g leicht geröstete,
gehackte Pistazien | Holzstäbchen

Griechische Spezialität

Für 1 quadratische Backform (ca. 22 × 22 cm,
16 Stücke) | 20 Min. Zubereitung |
40 Min. Backen
Pro Stück ca. 270 kcal, 5 g EW, 12 g F, 35 g KH

1 Den Backofen auf 180° vorheizen. Die Form so
mit Backpapier auslegen, dass es an zwei gegenüberliegenden Seiten etwas überhängt.

2 Den Grieß mit Mehl und Backpulver mischen. In
einer zweiten Schüssel das Öl mit dem Joghurt und
den Eiern verquirlen, 130 g Zucker und die Zitrus-
schalen unterrühren. Die Grieß-Mehl-Mischung
zur Eiermasse geben und sorgfältig untermischen.
Den Teig in die Form füllen und den Kuchen im
Ofen (Mitte) 35 – 40 Min. backen.

3 Inzwischen in einem kleinen Topf 150 ml Wasser
mit dem restlichen Zucker sowie Zitronen- und
Orangensaft aufkochen. Die Flüssigkeit unter Rühren ca. 5 Min. sprudelnd einkochen lassen. Dann
den Sirup vom Herd nehmen und ca. 10 Min. abkühlen lassen.

4 Den Kuchen herausnehmen, noch warm mehrmals mit einem Holzstäbchen einstechen und den
Sirup löffelweise darübergeben. Mit den Pistazien
bestreuen und abkühlen lassen. Dann den Revani
mithilfe des Backpapiers aus der Form heben und
in Würfel oder Rauten schneiden.

CANTUCCINI

280 g Mehl | ½ TL Backpulver | 2 TL gemahlener Anis | 190 g Zucker | 1 Pck. Vanillezucker | Salz | 3 Eier | abgeriebene Schale von 1 Bio-Zitrone | 100 g geschälte Mandeln | 100 g geschälte Haselnusskerne | Mehl zum Arbeiten

Für den süßen Vorrat

Für ca. 40 Stück | 30 Min. Zubereitung | 54 Min. Backen
Pro Stück ca. 80 kcal, 2 g EW, 3 g F, 11 g KH

1 Den Backofen auf 200° vorheizen. Ein Blech mit Backpapier auslegen. Das Mehl mit Backpulver, Anis, Zucker, Vanillezucker und 1 Prise Salz mischen. Die Eier verquirlen und mit der Zitronenschale zur Mehlmischung geben.

2 Alles mit den Knethaken des Handrührgeräts verkneten. Den noch bröseligen Teig auf die gut bemehlte Arbeitsfläche geben, Mandeln und Nüsse mit den Händen unterkneten.

3 Den Teig halbieren und zu 2 ca. 26 cm langen Rollen formen. Die Rollen mit ca. 10 cm Abstand zueinander auf das Blech legen und im Ofen (Mitte) ca. 30 Min. backen. Herausnehmen und kurz abkühlen lassen.

4 Dann die Laibe vom Backblech nehmen, in ca. 1 ½ cm dicke Scheiben schneiden und diese wieder nebeneinander auf das Blech legen. Die Cantuccini im Ofen (Mitte) noch 10 – 12 Min. backen. Die Kekse wenden und nochmals 10 – 12 Min. backen. Herausnehmen und abkühlen lassen.

TIPP

Luftdicht verpackt können Sie die knusprigen Cantuccini etwa 2 Wochen aufbewahren.

BIGNÈ ALLA CREMA

Ich liebe Windbeutel über alles. Und am meisten die italienische Variante der »Luftikusse« – mit Vanillecreme und Schokoüberzug.

Für die Füllung:
375 ml Milch
3 Eigelb
80 g Zucker
30 g Vanillepuddingpulver
(zum Kochen)
Für den Teig:
50 g Butter
Salz
1 EL Zucker
75 g Mehl
2 Eier
Außerdem:
150 g Zartbitterkuvertüre

La dolce vita

Für 12 Stück |
1 Std. Zubereitung |
30 Min. Backen |
3 Std. Kühlen
Pro Stück ca. 185 kcal,
4 g EW, 10 g F, 20 g KH

1 Für die Füllung 200 ml Milch mit den Eigelben, dem Zucker und dem Puddingpulver mit dem Schneebesen glatt rühren. Die restliche Milch aufkochen, vom Herd nehmen und die Eigelbmischung unter ständigem Rühren dazugießen. Alles nochmals kurz aufkochen lassen. Dann die Vanillecreme in eine Schüssel füllen, die Oberfläche mit Frischhaltefolie belegen und die Creme beiseitestellen. Abkühlen lassen.

2 Inzwischen für den Teig den Backofen auf 200° vorheizen. Ein Backblech mit Backpapier auslegen. In einem Topf 125 ml Wasser mit Butter, 1 guten Prise Salz und Zucker aufkochen. Das Mehl auf einmal dazugeben und so lange mit einem Kochlöffel rühren, bis sich die Masse als Kloß vom Topfboden löst (Bild 1).

3 Den Teig in eine Schüssel füllen und die Eier nacheinander mit den Quirlen des Handrührgeräts unterrühren. Den Teig in einen Spritzbeutel mit großer Lochtülle füllen und 12 etwa walnussgroße Bällchen mit etwas Abstand zueinander auf das Blech spritzen. Die Bällchen im Ofen (Mitte) 25 – 30 Min. backen. Aus dem Ofen nehmen, auf ein Kuchengitter setzen und sofort mit der Küchenschere seitlich leicht einschneiden (Bild 2). Anschließend die Bignè abkühlen lassen.

4 Die Vanillecreme in einen Spritzbeutel mit kleiner Lochtülle (oder Fülltülle) füllen und durch den Einschnitt in die Bällchen spritzen. Die Bignè auf Backpapier setzen. Die Kuvertüre grob hacken und über dem heißen Wasserbad schmelzen. Mit einem Esslöffel auf den Bignè verteilen (Bild 3), dabei die Öffnungen verschließen. Den Schokoguss fest werden lassen und die Bignè vor dem Servieren mind. 3 Std. kühl stellen.

ZWEIERLEI TRAMEZZINI

1 Dose Thunfisch (im eigenen Saft, ca. 185 g) |
½ Stange Staudensellerie (ca. 50 g) | 1 EL Zitro-
nensaft | 2 EL Olivenöl | 5 EL Mayonnaise |
2 TL Dijon-Senf | 1 TL Kapern | Salz | Pfeffer |
ca. ½ TL Chiliflocken | 2 Eier | 1 Kästchen
Kresse | ½ TL rosa Pfefferbeeren | 4 Scheiben
Tramezzini-Brot (à ca. 12 × 24 cm)

Stullen auf Italienisch

Für je 4 Stück | 30 Min. Zubereitung
Pro Thunfisch-Tramezzini ca. 200 kcal,
12 g EW, 13 g F, 6 g KH,
Pro Eier-Kresse-Tramezzini ca. 110 kcal,
4 g EW, 6 g F, 5 g KH

1 Für die Thunfisch-Tramezzini den Thunfisch abtropfen lassen und etwas zerpflücken. Den Sellerie
putzen, waschen und sehr fein würfeln. Mit Thunfisch, Zitronensaft, Öl, 3 EL Mayonnaise, 1 TL Senf
und Kapern verrühren und die Creme mit Salz,
Pfeffer und Chili pikant abschmecken.

2 Für die Eier-Kresse-Tramezzini die Eier in
ca. 9 Min. hart kochen, abschrecken und abkühlen
lassen. Anschließend pellen und die Eigelbe herauslösen. Die Eigelbe mit der Gabel fein zerdrücken und mit übriger Mayonnaise und restlichem
Senf verrühren. Die Eiweiße fein hacken, die Kresse
vom Beet schneiden und beides unterrühren. Die
Pfefferbeeren etwas zerdrücken, untermischen
und alles mit Salz und Pfeffer abschmecken.

3 Tramezzini-Brote quer halbieren. Auf je 2 Scheiben jeweils die Hälfte von Thunfischmasse und
Eier-Kresse-Creme geben, dabei rundherum einen
1 – 2 cm breiten Rand frei lassen. Die übrigen Brote
darauflegen und die Ränder gut andrücken. Die
Brote zum Servieren diagonal halbieren.

CHEESY CORN MUFFINS

200 g Mehl | 50 g feiner Maisgrieß (Polenta) |
2 gestr. TL Backpulver | 1 gestr. TL Natron |
½ TL Salz | ¼ TL Cayennepfeffer | 200 g Mais-
körner (aus der Dose) | 1 rote Peperoni |
¼ l Buttermilch | 80 ml Pflanzenöl | 1 Ei
(Größe L) | 80 g frisch geriebener Cheddar
oder alter Gouda | Butter für die Form oder
10 Papierförmchen

Britischer Pausensnack

Für 10 Stück (aus einem 12er-Muffinblech) |
15 Min. Zubereitung | 25 Min. Backen
Pro Stück ca. 230 kcal, 7 g EW, 12 g F, 23 g KH

1 Backofen auf 180° vorheizen. 10 Mulden des
Muffinblechs einfetten oder mit Papierförmchen
auslegen. Mehl mit Grieß, Backpulver, Natron, Salz
und Cayenne mischen. Mais abtropfen lassen. Die
Peperoni entkernen, waschen und fein schneiden.

2 Die Buttermilch mit Öl und Ei verquirlen, zur
Mehlmischung geben und mit dem Kochlöffel gut
verrühren. 150 g Maiskörner, die Peperoni und
60 g Käse unterrühren. Den Teig in die Mulden
geben, den restlichen Käse und die übrigen Maiskörner darüberstreuen.

3 Die Muffins im Ofen (Mitte) ca. 25 Min. backen.
Herausnehmen und kurz in der Form abkühlen
lassen. Dann aus dem Blech lösen und auf einem
Kuchengitter vollständig abkühlen lassen.

TIPP

Diese pikanten Muffins schmecken nicht nur
zum Kaffee, sondern machen auch zu einem
Glas Wein am Abend eine gute Figur. Mit
Oliven, Oregano oder in Öl eingelegten, ge-
trockneten Tomaten können sie dafür noch
beliebig aufgepeppt werden.

NEW YORK COFFEE SHOP

Wer sich in das bunte Treiben von Manhattan stürzt, begegnet auf Schritt und Tritt eiligen Zeitgenossen, die in der einen Hand einen riesigen Kaffeebecher balancieren, in der anderen einen Muffin, Cookie oder Wrap. Ein paar der besten »Coffee break bites« habe ich Ihnen von meiner letzten Reise mitgebracht.

PECAN STICKY BUNS

Die dicken Hefebrötchen sind halb Rohrnudel, halb Zimtschnecke. Das Beste ist die üppige Schicht aus Nüssen und Karamell obendrauf.

Für den Teig:
400 g Mehl (Type 550)
3 EL Zucker
21 g Hefe (ca. ½ Würfel)
130 ml lauwarme Milch
50 g Butter
2 Eier (Größe L) | ¼ TL Salz
½ TL Vanillemark
Für das Topping:
100 g Pekannusskerne
70 g Butter
150 g brauner Zucker
60 g heller Sirup
(z. B. von Grafschafter)
Außerdem:
60 g brauner Zucker
½ TL Zimtpulver
½ TL gemahlener Kardamom
60 g weiche Butter
Fett für die Form
Mehl zum Arbeiten

Lauwarm genießen

Für 1 Springform
(ca. 26 cm ∅, 12 Stücke) |
50 Min. Zubereitung |
1 Std. 45 Min. Gehen |
30 Min. Backen
Pro Stück ca. 415 kcal,
6 g EW, 21 g F, 50 g KH

1 Für den Teig das Mehl in eine Schüssel sieben und eine Mulde hineindrücken. Zucker in die Mulde geben und die Hefe daraufbröckeln. Die Hälfte der Milch unter Rühren in die Mulde zur Zucker-Hefe-Mischung geben. Den Teigansatz zugedeckt an einem warmen Ort ca. 15 Min. gehen lassen.

2 Die Butter in der restlichen Milch in einem Topf zerlassen und die Eier darin leicht verschlagen. Diese Mischung zum Teigansatz gießen, Salz und Vanillemark hinzufügen und alles mit den Knethaken des Handrührgeräts ca. 5 Min. kneten, bis der Teig schön glänzt und sich von der Schüssel löst. Danach den Teig zugedeckt ca. 1 Std. gehen lassen, bis er sein Volumen verdoppelt hat.

3 Inzwischen die Form einfetten. Für das Topping Nüsse grob hacken. Butter zerlassen, Zucker und Sirup dazugeben und alles unter Rühren sanft erhitzen, bis sich die Zutaten gut verbinden. Sirup gleichmäßig in der Form verteilen, mit Nüssen bestreuen.

4 Zucker, Zimt und Kardamom mischen. Den Teig auf wenig Mehl zum Rechteck (ca. 25 × 36 cm) ausrollen, mit Butter bestreichen und mit der Zuckermischung bestreuen. Von der Längsseite her aufrollen, in 12 ca. 3 cm breite Stücke schneiden. Mit der Schnittfläche nach oben nebeneinander in die Form setzen und zugedeckt ca. 30 Min. gehen lassen. Den Backofen auf 180° vorheizen.

5 Buns im Ofen (Mitte) ca. 30 Min. backen. Herausnehmen und auf ein Kuchengitter stürzen, dabei ein Stück Alufolie unterlegen. 2 – 3 Min. ruhen lassen, dann die Form abnehmen. Herabtropfenden Karamell und Nüsse mit einem Löffel auf den Buns verteilen. Abkühlen lassen und zum Servieren in Stücke teilen.

PEANUT BUTTER COOKIES

150 g brauner Zucker | 1 gestr. TL Backpulver |
250 g Erdnussbutter (crunchy) | 1 Ei (Größe L) |
100 g Zartbitterschokolade

Ganz ohne Mehl

Für ca. 15 Stück | 20 Min. Zubereitung |
14 Min. Backen
Pro Stück ca. 180 kcal, 5 g EW, 11 g F, 14 g KH

1 Den Backofen auf 180° vorheizen. Ein Blech mit Backpapier auslegen. Den Zucker im Mixer fein mahlen und mit dem Backpulver mischen. Die Erdnussbutter und das Ei dazugeben und alles cremig rühren. Die Schokolade in ca. 5 mm große Stücke hacken und mit den Händen unterkneten.

2 Vom Teig mit einem Esslöffel gleichmäßige Portionen abnehmen (à ca. 35 g), mit den Händen jeweils zu Kugeln formen und diese leicht flach drücken. Mit etwas Abstand zueinander auf das Blech legen und im Ofen (Mitte) in 12 – 14 Min. goldbraun backen. Die Cookies herausnehmen und auf dem Blech kurz abkühlen lassen. Dann samt Backpapier auf ein Kuchengitter ziehen und vollständig abkühlen lassen.

TIPP

Für dieses Rezept können Sie auch cremige Erdnussbutter (creamy) verwenden. Es fehlen dann allerdings die kleinen knusprigen Nussstückchen. Übrigens: Erdnussbutter lässt sich am besten verarbeiten, wenn sie zimmerwarm ist. Wer sie im Kühlschrank lagert, sollte sie deshalb rechtzeitig – etwa 2 Std. vor dem Backen – herausnehmen.

COCONUT BARS

150 g Butter | 250 g Vollkornhaferkekse (z. B. Hobbits) | 200 g Kokosraspel | 75 g Schokotröpfchen | 600 g gesüßte Kondensmilch

Extrasaftig

Für 1 rechteckige Backform (ca. 23 × 30 cm, ca. 21 Stücke) | 20 Min. Zubereitung | 30 Min. Backen
Pro Stück ca. 275 kcal, 4 g EW, 18 g F, 25 g KH

1 Den Backofen auf 175° vorheizen. Die Form so mit Backpapier auslegen, dass das Papier an den langen Seiten etwas überhängt. Die Butter zerlassen. Kekse im Mixer fein zerbröseln, flüssige Butter hinzufügen und alles nochmals kurz durchmixen.

2 Die Bröselmasse in der Form verteilen und andrücken. Die Kokosraspel und Schokotröpfchen mischen und auf den Boden streuen. Kondensmilch gleichmäßig darübergießen. Im Ofen (unten) ca. 30 Min. backen, bis die Oberfläche goldgelb ist und keine flüssigen Stellen mehr zu sehen sind.

3 Die Form herausnehmen, den Rand der Teigplatte rundherum mit einem Messer lösen und die Teigplatte vollständig abkühlen lassen. Danach mithilfe des Backpapiers vorsichtig aus der Form heben. Die Teigplatte zuerst längs in 3 Teile, dann quer in ca. 4 cm breite Streifen schneiden.

TIPP

Wenn Sie keine Backform in der angegebenen Größe besitzen, schneiden Sie ein Stück Backpapier in der benötigten Größe (23 × 30 cm mit Zuschlag für die Ränder) zurecht. Einfach in die Fettpfanne des Backofens legen und die Kanten mit einem mehrfach gefalteten Streifen Alufolie begrenzen.

WHITE CHOC CRANBERRY COOKIES

Amerikaner mögen es eine Nummer größer. Deshalb sind ihre Lieblingskekse nicht zierlich, sondern ziemlich »moppelig« – und randvoll mit guten Sachen.

80 g Mandelstifte
120 g Butter
50 g weiße Schokolade
80 g getrocknete Cranberrys
150 g Mehl
½ TL Backpulver
½ TL Salz
1 gute Prise Zimtpulver
1 Ei (Größe L)
150 g brauner Zucker
½ TL Vanillemark
50 g geschmolzene weiße
Schokolade (nach Belieben)

Genuss mit Nuss

Für ca. 20 Stück |
20 Min. Zubereitung |
15 Min. Backen
Pro Stück ca. 155 kcal,
2 g EW, 8 g F, 18 g KH

1 Den Backofen auf 180° vorheizen. Ein Backblech mit Back-papier auslegen. Die Mandeln in einer beschichteten Pfanne ohne Fett leicht rösten, herausnehmen und abkühlen lassen. Die Butter in einem Topf aufschäumen und sanft köcheln lassen, bis sie goldbraun ist und duftet. Anschließend in eine Schüssel füllen und beiseitestellen.

2 Die Schokolade und die Cranberrys grob hacken. Das Mehl mit Backpulver, Salz und Zimt mischen. Das Ei mit Zucker, flüssiger Butter und Vanillemark verrühren. Zuerst die Mehlmischung unter die Buttermischung rühren. Dann Mandeln, Schokolade und Cranberrys sorgfältig untermischen.

3 Vom Teig mit einem Esslöffel gleichmäßige Portionen abneh-men und mit ca. 8 cm Abstand zueinander auf das Blech setzen. Die Häufchen etwas flacher drücken und bei Bedarf mit einem angefeuchteten Finger rund nachformen.

4 Die Cookies im Ofen (Mitte) in ca. 15 Min. hellbraun backen. Herausnehmen, samt Backpapier auf ein Kuchengitter ziehen und abkühlen lassen. Nach Belieben noch mit geschmolzener weißer Schokolade streifenförmig verzieren.

TIPP Das Schöne an einem Cookie-Rezept ist, dass man es nach Lust und Laune abwandeln kann. Meine Lieblingsvariante ist die mit gehackten Pekan- oder Walnusskernen, gehackter Zartbitterschokolade und gewürfelten Softaprikosen statt Mandeln, weißer Schokolade und Cranberrys.

RUGELACH MIT ZWEIERLEI FÜLLUNG

Jüdische Einwanderer haben viel zum kulinarischen Reichtum New Yorks beigetragen.
So auch diese knusprigen Mini-Hörnchen mit süßer Füllung.

Für den Teig:
320 g Mehl
80 g Zucker
¼ TL Salz
1 Msp. Backpulver
250 g weiche Butter
100 g Doppelrahmfrischkäse
100 g saure Sahne
2 Eigelb
Für die Nougatfüllung:
60 g gehackte Hasel-
nusskerne
2 EL Zucker
80 g Nuss-Nougat-Masse
Für die Orangenfüllung:
80 g Orangeat
4 EL Orangenmarmelade
4 EL Mandelblättchen
Außerdem:
1 Ei | 1 EL Milch
Mehl zum Arbeiten
Puderzucker zum Bestäuben
(nach Belieben)

Lecker auch am nächsten Tag

Für je 16 Stück |
4 Std. Kühlen |
45 Min. Zubereitung |
2 × 20 Min. Backen
Pro Nougat-Rugelach
ca. 295 kcal, 4 g EW,
20 g F, 25 g KH,
Pro Orangen-Rugelach
ca. 275 kcal, 3 g EW,
17 g F, 27 g KH

1 Eventuell am Vortag für den Teig Mehl mit Zucker, Salz und Backpulver mischen. Die Butter cremig rühren und den Frischkäse unterrühren. Die saure Sahne mit den Eigelben verquirlen, zur Buttermischung geben und alles verrühren. Die Mehlmischung portionsweise hinzufügen und alles zu einem glatten Teig kneten. Den Teig viertln, jedes Viertel zu einer Kugel formen und flach drücken. In Frischhaltefolie wickeln und mind. 4 Std. (am besten über Nacht) kühl stellen.

2 Am nächsten Tag den Backofen auf 180° vorheizen. Zwei Bleche mit Backpapier auslegen. Für die Nougatfüllung die Nüsse in einer beschichteten Pfanne ohne Fett goldbraun anrösten, herausnehmen und abkühlen lassen. 2 EL geröstete Nüsse beiseitestellen, den Rest im Mixer mit Zucker mahlen. Den Nougat fein hacken. Für die Orangenfüllung das Orangeat fein hacken.

3 Die Teigportionen auf der leicht bemehlten Arbeitsfläche jeweils flach drücken und unter Wenden zu einem Kreis (etwas mehr als 30 cm ∅) ausrollen. Den Rand rundherum glatt schneiden, das geht am besten mit einem Pizzaschneider.

4 Nun 2 Teigkreise jeweils mit der Hälfte der Haselnuss-Zucker-Mischung bestreuen und jeweils mit der Hälfte des Nougats belegen. Die übrigen 2 Teigkreise jeweils mit 2 EL Marmelade bestreichen und jeweils mit der Hälfte des Orangeats bestreuen.

5 Jeden Teigkreis in 8 Tortenstücke schneiden und jeweils von der breiten Seite her aufrollen. Das Ei mit der Milch verquirlen und die Hörnchen damit bestreichen. Die Oberseite der Nusshörnchen in die beiseitegestellten Nüsse, die der Orangenhörnchen in die Mandelblättchen drücken. Dann auf die Bleche setzen.

6 Rugelach im Ofen (Mitte) nacheinander in jeweils ca. 20 Min. goldbraun backen. Herausnehmen, auf einem Kuchengitter abkühlen lassen und nach Belieben mit Puderzucker bestäuben.

CHOCOLATE CRUMB MUFFINS

Kein Kuchen ist so schnell angerührt wie diese saftigen Minis. Am allerliebsten mag ich sie, wenn Schokolade im Teig ist und kernige Streusel für Biss sorgen.

300 g Mehl
2 gestr. TL Backpulver
1 gestr. TL Natron
¼ TL Salz
30 g Kakaopulver
100 g Pekan- oder Walnusskerne
100 g Chocolate Chunks Vollmilch (backstabile Schokostückchen, z. B. von Ruf, oder Schokotröpfchen)
140 g Butter
1 Ei (Größe L)
220 g Zucker
¼ l Buttermilch
12 Papierförmchen

Black is beautiful!

Für 1 12er-Muffinblech |
25 Min. Zubereitung |
25 Min. Backen
Pro Stück ca. 370 kcal,
6 g EW, 20 g F, 40 g KH

1 Den Backofen auf 180° vorheizen. Die Mulden des Muffinblechs mit Papierförmchen auslegen. 250 g Mehl mit Backpulver, Natron, Salz und Kakao mischen. 80 g Nüsse sehr grob hacken und dazugeben. Die Schokostückchen ebenfalls hinzufügen.

2 Die Butter zerlassen. 40 g flüssige Butter in einer kleinen Schüssel beiseitestellen. Die restliche Butter mit Ei, 180 g Zucker und Buttermilch verrühren. Die Buttermilchmischung zur Mehlmischung geben und alles mit einem Kochlöffel gut verrühren.

3 Die restlichen Nüsse fein hacken und mit der beiseitegestellten Butter, dem übrigen Zucker und dem restlichen Mehl zu Streuseln kneten.

4 Den Teig in die Mulden füllen und die Streusel darauf verteilen. Die Muffins im Ofen (Mitte) ca. 25 Min. backen. Herausnehmen und in der Form kurz abkühlen lassen. Dann die Muffins vorsichtig aus dem Blech lösen und auf einem Kuchengitter vollständig abkühlen lassen.

TIPP

Es versteht sich von selbst, dass Sie Nüsse und Schokolade bei diesem Rezept ganz nach Belieben austauschen können. Wer eine fruchtige Note liebt, ersetzt einen Teil der Nüsse durch gewürfelte Trockenfrüchte wie Cranberrys oder etwas süßere Softaprikosen oder -feigen. Schokoholics können zusätzlich 1 – 2 TL Kakaopulver unter die Streusel kneten.

BANANA BLUEBERRY BREAD

3 Eier | 100 ml Pflanzenöl | 150 ml Milch |
250 g Mehl | 150 g feiner Maisgrieß (Polenta) |
2 TL Backpulver | ½ TL Salz | 2 mittelgroße sehr
reife Bananen (ca. 300 g, geschält ca. 220 g) |
abgeriebene Schale von ½ Bio-Zitrone |
150 g TK-Heidelbeeren | Pflanzenöl für die Form

Herrlich unkompliziert

Für 1 Kastenform (ca. 30 cm Länge, 12 Stücke) |
15 Min. Zubereitung | 1 Std. 10 Min. Backen
Pro Stück ca. 250 kcal, 6 g EW, 12 g F, 31 g KH

1 Den Backofen auf 200° vorheizen. Die Form einfetten. Die Eier in einer Schüssel mit Öl und Milch
leicht verquirlen. In einer weiteren Schüssel das
Mehl mit Grieß, Backpulver und Salz mischen.

2 Die Bananen schälen und auf einem Teller mit
einer Gabel fein zerdrücken. Die Ölmischung zur

Mehlmischung geben und alles mit einem Kochlöffel kurz verrühren. Das Bananenmus und die
Zitronenschale gut unterrühren. Die gefrorenen
Heidelbeeren zügig unter den Teig heben, damit
sie ihn nicht zu stark färben.

3 Den Teig in die Form füllen und im Ofen (unten)
erst 15 Min. backen. Dann die Backofentemperatur
auf 175° reduzieren und den Kuchen in 45 – 55 Min.
fertig backen.

4 Das Banana Bread aus dem Ofen nehmen und
in der Form kurz abkühlen lassen. Anschließend
aus der Form stürzen und auf einem Kuchengitter
vollständig abkühlen lassen.

TOFFEE ALMOND BROWNIES

100 g geschälte Mandeln | 350 g Zartbitter-schokolade | 250 g Butter | 100 g Sahne-Toffee-Bonbons | 3 Eier | 1 TL Vanillemark | 160 g Zucker | 140 g Mehl | ¼ TL Salz | 2 TL Backpulver

Eine Sünde wert

Für 1 quadratische Backform (ca. 22 × 22 cm, 16 oder 25 Stücke) | 25 Min. Zubereitung | 40 Min. Backen
Pro Stück (bei 25 Stücken) ca. 245 kcal, 4 g EW, 18 g F, 18 g KH

1 Den Backofen auf 180° vorheizen. Den Boden der Backform so mit Backpapier auslegen, dass das Papier an zwei gegenüberliegenden Seiten noch etwas überhängt. Die Mandeln in einer kleinen beschichteten Pfanne ohne Fett goldbraun rösten, dann aus der Pfanne nehmen und etwas abkühlen lassen.

2 Inzwischen die Schokolade grob hacken. Mit der Butter in einer Metallschüssel über dem heißen Wasserbad schmelzen, dabei ab und zu umrühren. Vom Wasserbad nehmen und die Mischung lauwarm abkühlen lassen. Die Toffees längs halbieren und quer in 3 – 4 Stücke schneiden.

3 Die Eier mit dem Vanillemark und dem Zucker verrühren, die Butter-Schoko-Masse untermischen. 100 g Mehl mit Salz und Backpulver mischen, auf die Schokoladenmasse sieben und unterheben. Mandeln und Toffeestücke mit dem übrigen Mehl mischen und ebenfalls unter den Teig rühren.

4 Den Teig in die Form geben, glatt streichen und im Ofen (Mitte) ca. 40 Min. backen. Herausnehmen und abkühlen lassen. Den Kuchen mithilfe des Backpapiers aus der Form heben und in 16 große oder 25 kleine Stücke schneiden.

PUMPKIN SPICE CAKE

Schon Wochen vor Halloween bestimmen Kürbisse das Stadtbild von New York. Dann ist auch die Zeit für diesen würzigen Kuchen gekommen.

Für den Teig:
1 Hokkaido-Kürbis (ca. 800 g)
150 g Butter
220 g brauner Zucker
2 Eier (Größe L)
abgeriebene Schale von
1 Bio-Orange
300 g Mehl
2 TL Backpulver
¼ TL Salz
2–3 TL Lebkuchengewürz
(oder selbst gemachte Gewürzmischung, siehe Tipp)
Für das Frosting:
125 g weiche Butter
60 g Puderzucker
250 g Doppelrahmfrischkäse
60 g Orangenmarmelade
Außerdem:
2 EL Butter für die Form

Duftet schon nach
Weihnachten

Für 1 Springform
(ca. 26 cm ⌀, 12 Stücke) |
30 Min. Zubereitung |
1 Std. 35 Min. Backen |
1 Std. Kühlen
Pro Stück ca. 460 kcal,
6 g EW, 27 g F, 48 g KH

1 Für den Teig den Backofen auf 200° vorheizen. Ein Blech mit einem großen Bogen Alufolie auslegen. Die Form großzügig einfetten. Den Kürbis waschen, in dicke Spalten schneiden und Kerne und Fasern entfernen. Kürbisspalten nebeneinander auf die Folie legen und darin luftdicht verpacken (Bild 1). Den Kürbis im Ofen (Mitte) in 30 – 45 Min. sehr weich garen. Herausnehmen und die Folie öffnen, den Kürbis abkühlen und abtropfen lassen. Danach in einem hohen Rührbecher mit dem Stabmixer pürieren. 300 g Kürbispüree abmessen (Rest anderweitig verwenden).

2 Die Backofentemperatur auf 180° reduzieren. Die Butter zerlassen und mit Zucker und Eiern verrühren. Orangenschale dazugeben. Mehl mit Backpulver, Salz und Lebkuchengewürz mischen und kurz unter den Teig rühren, zuletzt das Kürbispüree sorgfältig unterheben. Den Teig in der Form verteilen, glatt streichen (Bild 2) und im Ofen (unten) 45 – 50 Min. backen. Falls die Oberfläche zu dunkel wird, mit Backpapier abdecken. Herausnehmen und auf einem Kuchengitter abkühlen lassen.

3 Inzwischen für das Frosting die Butter ca. 3 Min. weißschaumig aufschlagen, Puderzucker daraufsieben und unterschlagen. Den Frischkäse esslöffelweise dazugeben, zuletzt die Marmelade unterrühren (Bild 3). Das Frosting ca. 1 Std. kühl stellen und zum Servieren locker auf dem Kuchen verstreichen.

TIPP

Wer will, macht die Gewürzmischung selbst: Dafür jeweils 1 TL Zimtpulver und gemahlenen Ingwer, je ½ TL gemahlene Nelken und gemahlenen Kardamom sowie je 1 Msp. gemahlene Muskatblüte und gemahlenen Piment mischen.

SPINACH & TOMATO TARTES

250 g Mehl | 125 g weiche Butter | 4 Eier | 1 Eigelb | Salz | 2 Zwiebeln | 2 Knoblauchzehen | 3 EL Olivenöl | 750 g TK-Blattspinat (aufgetaut) | 80 g in Öl eingelegte, getrocknete Tomaten | 2 EL gehacktes Basilikum | Pfeffer | frisch geriebene Muskatnuss | 200 g saure Sahne | 30 g frisch geriebener Parmesan | Mehl zum Arbeiten

Lust auf Pikantes

Für 8 Tarteletteförmchen mit Hebeboden (à 10 – 12 cm ⌀) | 30 Min. Zubereitung | 30 Min. Kühlen | 35 Min. Backen
Pro Stück ca. 430 kcal, 11 g EW, 31 g F, 26 g KH

1 Für den Teig das Mehl mit Butter, 1 Ei, Eigelb und ½ TL Salz zuerst mit den Knethaken des Handrührgeräts, dann mit den Händen zügig zu einem glatten Teig kneten. Den Teig in 8 Portionen teilen, jede Portion auf wenig Mehl jeweils zu einem Kreis (ca. 14 cm ⌀) ausrollen und die Tarteletteformen damit auskleiden. Die Mürbeteigböden mehrmals mit einer Gabel einstechen und ca. 30 Min. ins Tiefkühlfach stellen.

2 Inzwischen den Backofen auf 200° vorheizen. Für den Belag Zwiebeln und Knoblauch schälen, fein würfeln und im heißen Öl in ca. 5 Min. glasig andünsten. Spinat grob hacken, hinzufügen und ca. 5 Min. andünsten. Tomaten abtropfen lassen, fein würfeln und mit dem Basilikum unterrühren. Alles mit Salz, Pfeffer und Muskatnuss würzen.

3 Böden im Ofen (Mitte) ca. 15 Min. vorbacken. Übrige Eier mit saurer Sahne und Parmesan glatt rühren, salzen und pfeffern. Belag auf den Böden verteilen und den Guss darüberlöffeln. Tartelettes im Ofen (Mitte) in ca. 20 Min. fertig backen.

SMOKED CHICKEN WRAPS

500 g Hähnchenbrustfilet | Salz | Pfeffer |
¼ TL gemahlener Kreuzkümmel | ¼ TL geräu-
chertes Paprikapulver (Pimentón de la Vera) |
2 EL Olivenöl | 2 reife Avocados | Saft von 1 Li-
mette | 2 EL Crème fraîche | 1 Bund Koriander
(gehackt) | ½ TL Chiliflocken | 1 Romana-Salat-
herz | 1 rote Spitzpaprika | 4 Weizen-Tortillas
(Fertigprodukt, à 23 cm ⌀)

Herzhaftes Rollenspiel

Für 4 Stück | 25 Min. Zubereitung
Pro Stück ca. 620 kcal, 36 g EW, 37 g F, 34 g KH

1 Hähnchenbrustfilet kalt waschen und trocken
tupfen. ½ TL Salz mit etwas Pfeffer, Kreuzkümmel-
und Paprikapulver mischen. Hähnchenfilet in einer
Pfanne im heißen Öl auf jeder Seite ca. 7 Min. bra-
ten, dann rundherum mit der Würzmischung bestreuen und zum Abkühlen beiseitestellen.

2 Die Avocados halbieren und jeweils den Kern
entfernen. Das Fruchtfleisch herauslöffeln und mit
einer Gabel fein zerdrücken. Sofort mit Limetten-
saft, Crème fraîche und Koriander verrühren und
die Creme mit Salz, Pfeffer und Chili würzen.

3 Den Salat putzen und waschen, trocken schleu-
dern und in Streifen schneiden. Die Spitzpaprika
längs halbieren und entkernen, waschen und in
ca. 8 cm lange, dünne Streifen schneiden. Das
Hähnchenfleisch in mundgerechte Stücke zupfen.

4 Die Tortillas nach Packungsanweisung erwär-
men und mit je ¼ der Avocadocreme bestreichen.
In einem breiten Streifen mit Salat, Hähnchen und
Paprika belegen, die Seiten einschlagen und die
Tortillas aufrollen. Zuletzt diagonal halbieren.

KAFFEE TRIFFT SCHOKOLADE

Nicht nur als Getränk ist Kaffee eine Sünde wert, er verführt uns auch als Zutat in Desserts und Gebäck. Dass dabei oft Schokolade mit im Spiel ist, verwundert nicht, schließlich stammen beide Luxusgeschöpfe aus tropischen Breiten – und harmonieren aufs Allerbeste. Sie werden diese Köstlichkeiten lieben!

MOKKA-KARAMELL-TARTE

Erst beim Anschneiden entdeckt man die inneren Werte dieser hinreißenden Tarte:
eine cremige Karamellschicht unter einer üppigen Schokohaube.

Für den Teig:
150 g Mehl
1 TL Kakaopulver
50 g Zucker | Salz
80 g kalte Butter (in Stücken)
1 Eigelb
Für die Karamellmasse:
75 g Butter
170 g Kondensmilch
(7,5 % Fett)
50 g heller Sirup
(z. B. von Grafschafter)
50 g Zucker | Salz
Für die Mokkamasse:
100 g Zartbitterkuvertüre
60 g Butter
3 geh. TL Instant-
Espressopulver
2 Eier | 60 g Zucker
Außerdem:
Puderzucker zum Bestäuben

Beeindruckt auch als Dessert

Für 1 Tarteform mit Hebeboden
(ca. 24 cm ⌀, 16 Stücke) |
45 Min. Zubereitung |
30 Min. Kühlen |
55 Min. Backen
Pro Stück ca. 240 kcal,
3 g EW, 15 g F, 23 g KH

1 Für den Teig das Mehl mit Kakao, Zucker und 1 Prise Salz auf die Arbeitsfläche häufen. Die Butter stückchenweise darauf verteilen. Alles mit den Fingern krümelig verreiben. Das Eigelb dazugeben und zügig verkneten, falls nötig, 1 TL Wasser hinzufügen.

2 Den Teig zwischen zwei aufgeschnittenen Gefrierbeuteln zu einem Kreis (ca. 30 cm ⌀) ausrollen. Die obere Folie abziehen und den Teig auf die Form stürzen, die zweite Folie abziehen und die Form mit dem Teig gut auskleiden. Den Boden mit einer Gabel mehrmals einstechen und ca. 30 Min. ins Tiefkühlfach stellen.

3 Inzwischen den Backofen auf 180° vorheizen. Für die Karamellmasse Butter, Kondensmilch, Sirup, Zucker und 1 Prise Salz aufkochen und bei mittlerer bis starker Hitze unter Rühren in 20 – 30 Min. dicklich und kräftig goldbraun einkochen. In eine Schüssel füllen und beiseitestellen, dabei ab und zu umrühren.

4 Den Teigboden im Ofen (Mitte) ca. 15 Min. vorbacken. Herausnehmen und kurz abkühlen lassen, den Ofen nicht ausschalten. Währenddessen für die Mokkamasse die Kuvertüre hacken, mit der Butter in einer kleinen Metallschüssel über dem heißen Wasserbad schmelzen und das Espressopulver unterrühren. Die Eier mit Zucker 2 – 3 Min. hellcremig aufschlagen, dann die Schokoladenmischung gleichmäßig unterschlagen.

5 Die Karamellmasse auf dem vorgebackenen Teigboden verstreichen und die Mokkamasse darauf verteilen. Die Backofentemperatur auf 170° reduzieren und die Tarte im Ofen (unten) ca. 40 Min. backen. Herausnehmen, abkühlen lassen und aus der Form lösen. Mit Puderzucker bestäuben.

CAPPUCCINO-CUPCAKES

150 g weiche Butter | 150 g Zucker | 2 Eier
(Größe L) | 150 g Mehl | 1 TL Kakaopulver |
1 TL Backpulver | 3 geh. TL Instant-Espresso-
pulver | ¼ TL Salz | 4 – 5 EL Milch | 36 Schoko-
laden-Mokkabohnen (ca. 40 g) | ca. 60 ml ab-
gekühlter Espresso | 12 Papierförmchen |
Holzstäbchen

Törtchen mit Star-Appeal

Für 1 12er-Muffinblech | 30 Min. Zubereitung |
30 Min. Backen
Pro Stück ca. 225 kcal, 3 g EW, 13 g F, 23 g KH

1 Den Backofen auf 175° vorheizen. Die Mulden
des Muffinblechs mit den Papierförmchen auslegen. Butter und Zucker schaumig schlagen, die Eier
einzeln dazugeben und unterschlagen. Das Mehl
mit Kakao, Backpulver, Espresso und Salz mischen
und abwechselnd mit der Milch unterrühren.

2 Den Teig in die Förmchen geben, je 3 Mokka-
bohnen in die Mitte setzen und leicht andrücken.
Die Küchlein im Ofen (Mitte) 25 – 30 Min. backen.
Herausnehmen, die Oberfläche mit einem Holzstäbchen mehrmals einstechen und mit jeweils
ca. 1 TL Espresso tränken. Die Cupcakes kurz abkühlen lassen, aus der Form lösen und auf einem
Kuchengitter vollständig abkühlen lassen.

TIPP

Für ein Frosting 100 g weiche Butter ca. 3 Min.
weißschaumig schlagen, 50 g Puderzucker
daraufsieben und unterschlagen. 200 g Doppelrahmfrischkäse esslöffelweise dazugeben,
zuletzt 2 EL Kaffeelikör (oder abgekühlten Espresso) unterrühren. Das Frosting mit einem
Teelöffel als Häubchen auf die Cupcakes setzen
und mit Kakao bestäuben. Noch feiner: das
Frosting mit einem Spritzbeutel auftragen.

KAFFEELIKÖR-GUGELHUPF

220 g brauner Zucker | 200 g weiche Butter |
1 Pck. Vanillezucker | 4 Eier | 220 g Mehl |
100 g Speisestärke | 1 Pck. Backpulver |
100 g Schokotröpfchen | 100 ml Kaffee- oder
Espressolikör | je 100 g weiße und Vollmilch-
kuvertüre | Butter und Mehl für die Form

Fix angerührt

Für 1 Gugelhupfform (ca. 22 cm ⌀, 12 Stücke) |
25 Min. Zubereitung | 1 Std. Backen
Pro Stück ca. 480 kcal, 6 g EW, 26 g F, 56 g KH

1 Den Backofen auf 180° vorheizen. Die Form einfetten und mit Mehl ausstäuben, überschüssiges
Mehl wieder aus der Form klopfen.

2 Den Zucker im Mixer noch feiner mahlen und
mit Butter und Vanillezucker schaumig aufschlagen. Die Eier einzeln dazugeben und gründlich

untermischen. Das Mehl mit Stärke, Backpulver
und Schokotröpfchen mischen und kurz unterschlagen. Zuletzt den Likör unterrühren.

3 Den Teig in die Form füllen, glatt streichen und
im Ofen (unten) ca. 1 Std. backen. Herausnehmen
und in der Form kurz abkühlen lassen. Dann den
Gugelhupf auf ein Kuchengitter stürzen und vollständig abkühlen lassen.

4 Inzwischen beide Kuvertüresorten getrennt
grob hacken und jeweils in einer kleinen Metallschüssel über dem heißen Wasserbad schmelzen.
Zuerst die weiße, dann sofort die dunkle Kuvertüre
so über den Kuchen gießen, dass sie leicht inein-
ander verlaufen. Die Glasur fest werden lassen.

LATTE-MACCHIATO-CHEESECAKE

Begeisterte »Ahs« und »Ohs« sind Ihnen sicher, wenn Sie dieses Prachtstück
präsentieren – nicht nur wegen der eleganten Marmorierung.

Für den Boden:
60 g Butter
180 g dunkle Doppelkekse
1 geh. TL Instant-
Espressopulver
Für den Belag:
100 g Espresso-Schokolade
4 Eier
120 g Puderzucker
500 g Mascarpone
500 g Magerquark
1 TL Vanillemark
1 geh. TL Instant-
Espressopulver

Der Klassiker mal anders

Für 1 Springform
(ca. 26 cm ⌀, 12 Stücke) |
30 Min. Zubereitung |
1 Std. 33 Min. Backen |
12 Std. Kühlen
Pro Stück ca. 440 kcal,
11 g EW, 32 g F, 27 g KH

1 Am Vortag den Backofen auf 180° vorheizen. Den Boden der
Form mit Backpapier auslegen. Die Butter zerlassen. Die Kekse
im Mixer fein zerbröseln, flüssige Butter und Espressopulver
dazugeben und kurz durchmixen. Die Bröselmasse in der Form
verteilen und andrücken. Im Ofen (unten) ca. 8 Min. backen.
Herausnehmen und abkühlen lassen. Ofen nicht ausschalten.

2 Für den Belag die Schokolade grob hacken und in einer kleinen Metallschüssel über dem heißen Wasserbad schmelzen.
Vom Wasserbad nehmen und beiseitestellen. Die Eier mit dem
Zucker ca. 5 Min. hellcremig aufschlagen, den Mascarpone esslöffelweise untermischen und Quark und Vanillemark unterrühren. Etwa ¼ l Creme abnehmen und mit dem Schneebesen
unter die geschmolzene Schokolade rühren. Das Espressopulver
in 1 EL heißem Wasser auflösen und ebenfalls unterrühren.

3 Die übrige helle Creme auf den Boden geben und die dunkle
Masse mit einem Esslöffel in Klecksen darauf verteilen. Einen
Löffelstiel in Wellen durch beide Massen ziehen, sodass ein Mar-
mormuster entsteht. Den Cheesecake im Ofen (unten) ca. 10 Min.
backen. Danach die Backofentemperatur auf 150° reduzieren und
den Kuchen noch ca. 1 Std. 15 Min. backen. Anschließend im aus-
geschalteten Ofen ca. 3 Std. abkühlen lassen, herausnehmen
und über Nacht kühl stellen. Am nächsten Tag den Cheesecake
1 – 2 Std. vor dem Servieren aus dem Kühlschrank nehmen.

TIPP Falls Sie nicht ganz sicher sind, ob Ihre Springform dicht
schließt, sollten Sie den unteren Springformrand am besten
mit Alufolie umwickeln. So tropft beim Backen bestimmt kein
Fett in den Backofen.

GEWÜRZKAFFEE-CRÈME-BRÛLÉE

2 EL Kaffeebohnen (ca. 10 g) | 300 g Sahne |
300 ml Milch | 1 Kardamomkapsel (leicht ange-
drückt) | ½ Zimtstange | 1 gestr. TL Kakao-
pulver | 6 Eigelb | 60 g Zucker | 6 EL brauner
Zucker | Küchen-Gasbrenner

Allerbestens vorzubereiten

Für 6 ofenfeste Förmchen (à ca. 200 ml Inhalt) |
30 Min. Zubereitung | 45 Min. Garen |
3 Std. Kühlen
Pro Portion ca. 305 kcal, 4 g EW, 19 g F, 30 g KH

1 Eventuell am Vortag den Backofen auf 120°
vorheizen. Die Kaffeebohnen in einer Kaffeemühle
grob mahlen oder im Mörser fein zerdrücken. Die
Sahne und die Milch mit den Gewürzen, dem
Kakao und dem Kaffee in einem Topf aufkochen.
Vom Herd nehmen und die Sahnemischung zugedeckt ca. 15 Min. ziehen lassen.

2 Inzwischen Eigelbe und Zucker verrühren. Die
Sahnemischung durch ein feines Sieb gießen und
bis kurz vor dem Siedepunkt erhitzen, dann unter
Rühren (nicht Schlagen!) zur Eigelbmischung gießen, dabei sollten sich keine Bläschen bilden.

3 Die Eiersahne auf die Förmchen verteilen und
diese in die Fettpfanne des Ofens stellen. Die Fettpfanne in den Ofen schieben und so viel kochend
heißes Wasser angießen, dass die Förmchen zur
Hälfte im Wasser stehen. Die Eiersahne im Ofen
(ganz unten) 35 – 45 Min. stocken lassen.

4 Die Förmchen herausnehmen und abkühlen
lassen. Mit Frischhaltefolie abdecken und mind.
3 Std. (am besten über Nacht) kühl stellen. Zum
Servieren die Oberfläche der Creme jeweils mit
1 EL braunem Zucker bestreuen und mit einem
Gasbrenner goldbraun karamellisieren.

MOKKAMOUSSE

2 EL Kaffeebohnen (ca. 10 g) | 300 g Sahne |
150 g Zartbitterkuvertüre | 2 Eier | 50 g Zucker |
Kakaopulver zum Bestäuben

Löffelweiser Hochgenuss

Für 6 Portionen | 30 Min. Zubereitung |
24 + 4 Std. Kühlen
Pro Portion ca. 350 kcal, 5 g EW, 27 g F, 22 g KH

1 Am Vortag die Kaffeebohnen in einer Kaffeemühle grob mahlen oder im Mörser fein zerdrücken. Mit der Sahne mischen und zugedeckt im
Kühlschrank 1 Tag ziehen lassen.

2 Am nächsten Tag die Kaffeesahne durch ein feines Sieb gießen und steif schlagen. Die Kuvertüre
grob hacken und in einer Metallschüssel über dem
heißen Wasserbad schmelzen. Vom Wasserbad
nehmen und beiseitestellen.

3 Die Eier trennen. Die Eiweiße steif schlagen. Die
Eigelbe in eine große Schüssel geben und mit dem
Zucker ca. 3 Min. hellcremig schlagen. Dann die geschmolzene Schokolade unterschlagen. Jeweils
⅓ des Eischnees und der Kaffeesahne zügig mit
dem Schneebesen unterrühren, den Rest vorsichtig mit einem Teigspatel unterheben.

4 Die Mokkamousse in Portionsgläser oder kleine
Tassen füllen und ca. 4 Std. kühl stellen (alternativ
alles in eine große Schale füllen und zum Servieren mit zwei Esslöffeln Nocken aus der Mousse ab-
stechen). Mit Kakaopulver bestäuben.

KAFFEE MIT SCHUSS

Kennen Sie Irish Coffee? Bestimmt, aber die Kombi von Kaffee und Alkohol schätzen nicht nur die Iren. Auch in Cocktailbars experimentiert man mit dem anregenden Getränk und mixt daraus einen Martini oder eine Colada. So wird der beliebteste Begleiter des Tages glatt zum Tipp für heiße Partynächte ...

RUSSIAN COFFEE

50 g Sahne | Vanillezucker (nach Belieben) |
1 TL Zucker | 3 cl Wodka | 1 cl Kaffeelikör |
1 cl Haselnuss- oder Mandellikör (z. B. Ama-
retto) | 150 ml frisch gebrühter starker Kaffee |
1 Cocktailkirsche (nach Belieben)

Beglückt im Winter

Für 1 Glas | 10 Min. Zubereitung
Ca. 285 kcal, 1 g EW, 16 g F, 14 g KH

1 Die Sahne nach Belieben mit dem Vanillezucker
halbsteif schlagen. Ein Irish-Coffee-Glas (oder ein
anderes hitzefestes Glas mit Stiel oder Henkel)
vorwärmen und Zucker, Wodka und Liköre hineingeben. Dann alles mit Kaffee auffüllen.

2 Die Vanillesahne vorsichtig über einen Löffelrücken auf die Flüssigkeit schichten, sodass sie
sich nicht mit dem Kaffee mischt. Den Russian Coffee nach Belieben mit 1 Cocktailkirsche garnieren.

IRISH COFFEE

1 TL brauner Zucker | 4 cl Irischer Whisky (z. B.
Tullamore Dew) | 125 ml frisch gebrühter starker
Kaffee | 3 – 4 EL halbsteif geschlagene Sahne |
Schokostreusel zum Bestreuen

Immer wieder gut

Für 1 Glas | 15 Min. Zubereitung
Ca. 320 kcal, 2 g EW, 20 g F, 8 g KH

1 Den Zucker und den Whisky in ein vorgewärmtes Irish-Coffee-Glas (oder ein anderes hitzefestes
Glas mit Stiel oder Henkel) geben. Von außen,
z. B. über einem Irish-Coffee-Gestell oder Stöv-
chen, erhitzen, bis sich der Zucker aufgelöst hat.

2 Das Whisky-Zucker-Gemisch vorsichtig an-
zünden (Achtung, Flamme!) und mit dem heißen
Kaffee auffüllen. Die Schlagsahne über einen
Löffelrücken daraufgeben und den Irish Coffee
zuletzt mit Schokostreuseln bestreuen.

COFFEE ADVOCAAT

4 cl Eierlikör | 60 ml Espresso | 2 – 3 EL halbsteif geschlagene Sahne oder aufgeschäumte Milch | Kakaopulver zum Bestäuben

Der Liebling der Frauen

Für 1 Glas | 10 Min. Zubereitung
Ca. 255 kcal, 3 g EW, 17 g F, 13 g KH

1 Ein Aperitif-Glas (schmales Becherglas) vorwärmen. Den Eierlikör erhitzen (nicht kochen!) und in das Glas gießen. Den Espresso vorsichtig über einen Löffelrücken auf den Eierlikör schichten.

2 Die Sahne oder den Milchschaum ebenfalls vorsichtig über einen Löffelrücken auf die Flüssigkeit schichten, mit Kakaopulver bestäuben.

VARIANTE HOLLÄNDISCHER KAFFEE
Für 1 Glas 100 ml frisch gebrühten starken Kaffee in eine Tasse geben, 5 cl Eierlikör dazugießen und 2 EL halbsteif geschlagene Sahne darüberschichten. Mit Kakaopulver bestäuben.

KAFFEE-GROG

1 Stück Zimtstange (ca. 3 cm) | 2 Gewürznelken | 1 Kardamomkapsel (leicht angedrückt) | 200 ml frisch gebrühter starker Kaffee | 1 geh. TL brauner Zucker | 2 cl brauner Rum | 2 cl Orangenlikör | 1 Streifen Bio-Orangenschale (ca. 8 cm)

Da fragt keiner nach Tee

Für 1 Glas | 10 Min. Zubereitung
Ca. 115 kcal, 0 g EW, 0 g F, 11 g KH

1 Zimt, Nelken und Kardamom mit dem Kaffee bei schwacher Hitze zugedeckt ca. 3 Min. ziehen (nicht kochen!) lassen. Zucker, Rum, Likör und Orangenschale in ein vorgewärmtes Grog-Glas (oder ein anderes hitzefestes Glas) geben und den Gewürzkaffee durch ein Sieb dazugießen.

VARIANTE MONTE CHRISTO
Für 1 Glas den Rand einer Tasse mit Bio-Zitronenschale abreiben, dann in Zucker tauchen. Je 2 cl Whisky-Sahne-Likör und Orangenlikör in die Tasse geben und mit 125 ml frisch gebrühtem starkem Kaffee auffüllen.

CAFFÈ SHAKERATO

4 – 5 Eiswürfel | 60 ml frisch gebrühter Espresso | 1 geh. TL Zucker | 1 cl Grappa oder Amaretto | Kakaopulver zum Bestäuben

Ein kleiner Italiener

Für 1 Glas | 5 Min. Zubereitung
Ca. 60 kcal, 0 g EW, 0 g F, 9 g KH

1 Einen Shaker mit Eiswürfeln füllen. Den heißen Espresso mit dem Zucker hineingeben und alles ca. 1 Min. kräftig schütteln.

2 Den Grappa oder Amaretto in ein eisgekühltes Martini- oder Weinglas geben und den geshakten Kaffee durch ein Sieb dazugießen. Die Schaumschicht mit Kakaopulver bestäuben.

VARIANTE ESPRESSO MARTINI
Für 1 Glas 4 – 5 Eiswürfel in einen Shaker geben. Darüber 4 cl Kaffeelikör, 3 cl Wodka und 30 ml frisch gebrühten Espresso gießen und alles kräftig schütteln. Anschließend den Espresso-Drink durch ein Sieb in ein Martini-Glas gießen.

COFFEE COLADA

½ Tasse Crushed Ice | 4 cl weißer Rum | 5 cl Cream of Coconut (gesüßte Kokosmilchcreme) | 4 cl Kaffeelikör | 1 EL Sahne | 90 ml Ananassaft | je 1 Ananasscheibe und Cocktailkirsche (nach Belieben)

Wie ein Karibikurlaub

Für 1 Glas | 5 Min. Zubereitung
Ca. 450 kcal, 1 g EW, 11 g F, 52 g KH

1 Das Crushed Ice in den Mixer geben und Rum, Cream of Coconut, Likör, Sahne und Saft hinzufügen. Alles mixen, bis sich die Zutaten verbunden haben. Den Shake in ein Colada-Glas abgießen, nach Belieben mit Ananasscheibe und Cocktailkirsche garnieren. Mit Trinkhalm servieren.

VARIANTE CARRIBEAN COFFEE
Für 1 Glas 40 ml frisch gebrühten Espresso, 1 TL braunen Zucker, 2 EL Sahne, 2 cl braunen Rum und 8 cl Cream of Coconut in einen mit 4 – 5 Eiswürfeln gefüllten Shaker geben. Alles kräftig schütteln und durch ein Sieb in ein Longdrink-Glas gießen.

CAFÉ LIBRE

½ Bio-Limette | 1 EL brauner Zucker |
4 cl weißer Rum | 30 ml abgekühlter Espresso |
5 – 6 Eiswürfel | 100 ml Cola-Getränk | 1 Bio-
Limettenscheibe (nach Belieben)

Aufregend fruchtig

Für 1 Glas | 5 Min. Zubereitung
Ca. 225 kcal, 0 g EW, 0 g F, 26 g KH

1 Die Limette heiß waschen und abtrocknen. In
Stücke schneiden und in einem Longdrink-Glas
(oder Mojito-Glas) mit dem Barstößel zerdrücken.

2 Den Zucker hinzufügen und Rum und Espresso
dazugießen. Das Glas mit den Eiswürfeln füllen,
mit Cola auffüllen und nach Belieben noch mit
1 Limettenscheibe garnieren.

VARIANTE BLACK MARIA
Für 1 Glas 2 TL Puderzucker, 4 cl Kaffeelikör
und 4 cl weißen Rum in einen großen Cognac-
schwenker geben. Das Glas zur Hälfte mit
Crushed Ice füllen und zuletzt 120 ml abgekühlten starken Kaffee dazugießen.

MOKKA FLIP

2 EL Sahne | 1 TL Puderzucker | 1 sehr frisches
Bio-Eigelb | 4 – 5 Eiswürfel | 2 cl Kaffeelikör |
2 cl Crème de Cacao (Schokoladenlikör, ersatz-
weise Schokoladensirup) | 2 cl Weinbrand oder
Cognac | Kaffeepulver zum Bestäuben

Immer schön cremig bleiben

Für 1 Glas | 5 Min. Zubereitung
Ca. 250 kcal, 2 g EW, 11 g F, 22 g KH

1 Sahne, Puderzucker und Eigelb in einen Shaker
geben und kurz verrühren. Eiswürfel, Liköre (oder
Sirup) und Cognac hinzufügen.

2 Alles kräftig schütteln und den Mokka Flip
durch ein Sieb in ein Glas oder eine Sektschale
gießen. Mit Kaffeepulver bestäuben.

VARIANTE CHOCMOC ICED LATTE
Für 1 Glas 30 ml abgekühlten Espresso mit
3 cl Schokoladensirup und 3 cl Kaffeelikör in
einem Longdrink-Glas verrühren. Das Glas mit
4 – 5 Eiswürfeln füllen und mit 125 ml kalter
Milch auffüllen. Mit Trinkhalm servieren.

ESPRESSOLIKÖR

150 g brauner Zucker | 2 EL fein gemahlene Espressobohnen (ca. 20 g) | 1 TL Vanillemark | ¼ l Wodka

Echt starke Mischung

Für 1 Flasche (ca. ½ l) | 25 Min. Zubereitung | 10 Tage Ziehen
Pro Glas (4 cl) ca. 94 kcal, 0 g EW, 0 g F, 12 g KH

1 Den Zucker mit ¼ l Wasser in einem Topf zum Kochen bringen. Bei mittlerer Hitze ca. 10 Min. einkochen lassen, bis die Mischung leicht dicklich ist.

2 Das Espressopulver in einem weiteren Topf mit ¼ l Wasser aufkochen, vom Herd nehmen und ca. 5 Min. ziehen lassen. Anschließend den Zuckersirup und das Vanillemark hinzufügen und gut verrühren, die Mischung abkühlen lassen. Zuletzt den Wodka unterrühren.

3 Dann den Espressolikör in ein gut schließendes Gefäß füllen und an einem dunklen, kühlen Ort ca. 10 Tage ziehen lassen.

4 Anschließend ein Sieb mit einem feinmaschigen Tuch auslegen und die Mischung durchsieben (alternativ die Mischung mehrmals durch einen Papierkaffeefilter gießen). Den Espressolikör in eine saubere, gut schließende Flasche abfüllen. Er hält sich ca. 6 Monate.

TIPP

Zimt und Kaffee sind einfach ein Traumpaar. Deshalb koche ich im Espresso gerne eine ganze Zimtstange mit, wenn ich den Likör ansetze. Nach dem Abkühlen der Espressomischung nehme ich sie heraus, damit die Zimtnote nicht allzu intensiv wird.

MILCHKAFFEELIKÖR

4 sehr frische Bio-Eigelb | 1 Pck. Vanillezucker | 150 g Puderzucker | 50 ml frisch gebrühter starker Espresso | ¼ l Weinbrand | ¼ l Kondensmilch (10 % Fett)

Eine Sünde wert

Für 1 Flasche (ca. 850 ml) | 30 Min. Zubereitung
Pro Glas (4 cl) ca. 87 kcal, 1 g EW, 2 g F, 10 g KH

1 Die Eigelbe mit dem Vanille- und Puderzucker mit den Quirlen des Handrührgeräts ca. 3 Min. dickcremig aufschlagen. Unter Schlagen nach und nach den heißen Espresso hinzufügen, dann Weinbrand und Kondensmilch unterrühren.

2 Die Masse in einer Metallschüssel über dem siedenden (nicht kochenden!) Wasserbad unter Rühren ca. 10 Min. dicklich werden lassen. Dann sofort in ein Eiswasserbad stellen und kalt rühren.

Den Likör in eine saubere, gut schließende Flasche abfüllen und kühl aufbewahren. Vor Gebrauch gut schütteln. Angebrochene Flaschen innerhalb von 1 – 2 Wochen verbrauchen.

VARIANTE MOKKA-SAHNE-LIKÖR

500 g Sahne mit 2 EL Instant-Espressopulver und 60 g Puderzucker gründlich verrühren, zum Kochen bringen und vom Herd nehmen. Jeweils 100 g Zartbitter- und weiße Kuvertüre hacken, zur Sahnemischung hinzufügen und darin schmelzen. Alles gut verrühren und etwas abkühlen lassen. Dann 200 ml Weinbrand unterrühren und den Likör in eine saubere, gut schließende Flasche füllen. Kühl aufbewahren. Den Milchkaffeelikör vor dem Servieren jedes Mal gut schütteln und angebrochene Flaschen innerhalb von 1 – 2 Wochen verbrauchen.

REGISTER

Damit Sie die Rezepte mit bestimmten Zutaten noch schneller finden, sind in diesem Register auch beliebte Zutaten wie **Haselnüsse** oder **Schokolade** alphabetisch eingeordnet und hervorgehoben. Darunter finden Sie das Rezept Ihrer Wahl.

Projektleitung: Kathrin Ullerich
Lektorat: Kathrin Gritschneder
Korrektorat: Jutta Friedrich
Innen- und Umschlaggestaltung: independent Medien-Design, Horst Moser, München
Illustration: Julia Hollweck
Herstellung: Mendy Jost
Satz: Kösel, Krugzell
Reproduktion: Repro Ludwig, Zell am See
Druck und Bindung: Schreckhase, Spangenberg
Syndication: www.jalag-syndication.de
Printed in Germany

1. Auflage 2015
ISBN 978-3-8338-4658-8

 www.facebook.com/gu.verlag

GRÄFE UND UNZER

Ein Unternehmen der
GANSKE VERLAGSGRUPPE

Die Autorin

Marianne Zunner arbeitet als freie Journalistin für Food- und Frauenmagazine. Sie liebt italienische Espresso-Bars und die kleinen Coffeeshops in New York. Kein Wunder, dass sie beim Thema Kaffee glänzende Augen bekommt. Und ein Grund dafür, dass sie inzwischen nicht nur eine passionierte Köchin, sondern auch eine leidenschaftliche Bäckerin ist.

Der Fotograf

Wolfgang Schardt fotografiert in seinem Studio in Hamburg vor allem Food, Stills und Interieur für Magazine, Verlage und Werbung. Sein Team bei diesem Buch: Michaela Pfeiffer (Foodstyling), Melina Mörsdorf und Aniko Balzer (Assistenz).

Bildnachweis

Autorenfoto: Julia Hörsch; alle anderen Fotos: Wolfgang Schardt, Hamburg

Titelrezept

Latte-Macchiato-Cheesecake (S. 48)

Umwelthinweis:

Dieses Buch ist auf PEFC-zertifiziertem Papier aus nachhaltiger Waldwirtschaft gedruckt.

Liebe Leserin, lieber Leser,

haben wir Ihre Erwartungen erfüllt? Sind Sie mit diesem Buch zufrieden? Haben Sie weitere Fragen zu diesem Thema? Wir freuen uns auf Ihre Rückmeldung, auf Lob, Kritik und Anregungen, damit wir für Sie immer besser werden können.

GRÄFE UND UNZER Verlag
Leserservice
Postfach 86 03 13
81630 München
E-Mail:
leserservice@graefe-und-unzer.de

Telefon: 00800 / 72 37 33 33*
Telefax: 00800 / 50 12 05 44*
Mo–Do: 8.00–18.00 Uhr
Fr: 8.00–16.00 Uhr
(* gebührenfrei in D, A, CH)

Ihr GRÄFE UND UNZER Verlag
Der erste Ratgeberverlag – seit 1722.

Backofenhinweis:
Die Backzeiten können je nach Herd variieren. Die Temperaturangaben in unseren Rezepten beziehen sich auf das Backen im Elektroherd mit Ober- und Unterhitze und können bei Gasherden oder Backen mit Umluft abweichen. Details entnehmen Sie bitte Ihrer Gebrauchsanweisung.

EINFACH GESÜNDER LEBEN

Jetzt GU BALANCE
14 Tage kostenlos testen.
Ganz ohne Risiko!
DEIN CODE: BUCH-EZ-HE-15-2-KW

www.gu-balance.de

ERNÄHRUNG

BEWEGUNG

ENTSPANNUNG

GU BALANCE: DEIN ONLINE-PROGRAMM FÜR EIN AUSGEWOGENES LEBEN

Dein „Wie-für-Dich-gemacht"-Weg, um dauerhaft fitter, schlanker und entspannter zu sein.

Jeden Tag neue Rezepte für eine
gezielte Ernährungsumstellung

Fitnessvideos für ein
zeitsparendes Home-Workout

Einfache Entspannungstipps
für bewusste Atempausen

98% der Trendsetter gefällt die
GU Balance-Website! (trendsetter.eu, April 15)

Mit getesteter Erfolgs-Garantie vom Ratgeber-Marktführer **GU**

GU BALANCE

www.gu-balance.de

EISKALTE VERFÜHRER

Probieren Sie die mal an einem richtig heißen Sommertag – danach lassen Sie jedes Fruchteis garantiert links liegen!

EISKAFFEE AM STIEL

Für 8 Portionen: 200 g Sahne steif schlagen. 1 Ei, 2 Eigelbe, 80 g Zucker und 30 ml frisch gebrühten starken Espresso ca. 3 Min. dickcremig aufschlagen. Die Sahne mit einem Teigspatel unterheben, die Masse in Einweg-Espressobecher füllen und mind. 4 Std. ins Tiefkühlfach stellen. Sobald die Kaffee-Eismasse etwas fester geworden ist (nach ca. 2 Std.), nach Belieben Mokkalöffel oder Holzgäbelchen als Stiel hineinstecken (alternativ die Masse gleich in Eis-am-Stiel-Förmchen einfrieren). Zum Servieren die Formen kurz in heißes Wasser tauchen und das Eis herauslösen.

GRANITA DI CAFFÈ

Für 4 Portionen: 400 ml abgekühlten, gut gesüßten Espresso in eine Metallschüssel geben und ca. 4 Std. ins Tiefkühlfach stellen. Dabei etwa alle 30 Min. mit einer Gabel die am Rand entstandenen Eiskristalle lösen und die Masse gründlich durchrühren. Sobald der Kaffee komplett zu kleinen Eiskristallen gefroren ist, 200 g Sahne mit 1 Pck. Vanillezucker steif schlagen. Die Granita in weite Gläser (z. B. Sektschalen) löffeln, die Vanillesahne darauf verteilen und nach Belieben noch mit etwas Zimtpulver bestäuben. Die Granita sofort servieren.